Se encuentra usted ejerciendo en un Centro Público de E[...]
y está situado en un contexto de un nivel sociocultural [...]
conciencia docente acerca de la trascendencia de la [...] en comunicación
lingüística, por lo que trabajan con mucha sistematización e interés todos los aspectos
relacionados con dicha competencia.

A principio de curso le han asignado la tutoría de un grupo de sexto curso de primaria
formado por 23 escolares, uno de los cuales presenta faltas continuadas de asistencia sin
motivo que lo justifique, y otro tiene necesidad específica de apoyo educativo debido a que
falta al aula ordinaria en períodos concretos por motivos de salud.

Durante el segundo trimestre ha surgido un problema de convivencia entre dos escolares
del grupo observándose actos de desconsideración mutua.

Así mismo, en la evaluación final, el profesorado del grupo de 6º ha decidido, por
unanimidad, que tres alumnos permanezcan un curso más en el tercer ciclo de la etapa y
el tutor informa de esta decisión a las familias de los alumnos. Después de recibir las notas,
los padres de uno de ellos presentan en plazo una reclamación motivada sobre las
calificaciones de las áreas no superadas.

Como tutor de ese grupo, se le pide lo siguiente:

1.   Defina las estrategias y acciones para abordar e intentar superar el absentismo del
alumno.

2.   Concrete la intervención docente respecto al escolar que falta a clase por
hospitalización o convalecencia.

3.   Una de las actividades habituales para mejorar la ortografía es el uso del dictado.
Partiendo de este planteamiento, enuncie los objetivos que usted se propone al
incorporarlo a la práctica escolar diaria, concrete el procedimiento para su aplicación y
establezca las estrategias que pondrá en juego para que cada alumno tome conciencia de
sus errores y logre superarlos. Así mismo, describa otros recursos que se puedan utilizar
para la mejora ortográfica.

4.   Defina la intervención necesaria para intentar la resolución del problema de
convivencia entre los dos escolares.

5.   Describa el proceso que ha de seguirse en el centro para la resolución de la
reclamación y, en el caso de que la misma sea resuelta a favor, la posible incidencia en la
decisión de promoción. En el caso de que la resolución en el centro fuera contraria a la
petición de los padres y estos elevaran la reclamación ante la Dirección General de
Ordenación e Innovación Educativa (SIE en Asturias) en el plazo establecido, describa el
proceso que se debiera seguir.

CANTABRIA (2015)

DATOS

CEIP

SEC ↓

Comp. lingüística

6
23 @
absentista (sin justificar)
NESE por faltar por salud.

2 @ probl. convivencia
3 para repetir → 1 reclama

Desde ttarde a la 1 de la
madrugada

1. absentismo
2. Hospitalización o convalecencia
3. Dictado.
   obj? proceso? corrección? obvs iss ortografía?
4. Resolver probl. convivencia 2 @
5. Reclamación < la ganan.
                   no la ganan → reclaman al SIE
   proceso.

SOLUCIÓN

~~El guión de exposición~~ que voy a
seguir para que sirva de hilo conductor es;
Primero, introducción y justificación
~~Segundo~~ ~~Después~~, desarrollo de las 5 cuestiones
y, por último, conclusión y bibliografía, la
cual solo por ir referenciando para
agilizar su lectura.

Sin más demora procedo a

~~Introducir y justificar~~ la INTERVENCIÓN que desarrollaré posteriormente en cada una de las 5 cuestiones que se me ~~plantea~~.

La intervención se contextualiza hacia un ~~centro~~ que impacta las dos etapas; infantil y primaria.

- El centro se caracteriza por tener un índice socioeconómico y cultural bajo. ~~Se~~

~~Se~~ En la Programación General Anual se recoge como objetivo trabajar la competencia lingüística desde el PLEI y el ~~Plan de~~ pedagogías educativas utilizando ~~programas~~ de ortografía multisensorial.

El ~~aula~~ se caracteriza por tener 23 @ de 6º de EP, que se hallan ~~en el~~ estadio de las op-concretas en tránsito a las formales según el libro de Piaget titulado ~~El trata-miento de la inteligencia del niño~~ "El lenguaje y el pensamiento en el niño" de ~~1923~~.

Resaltar que en el grupo tenemos 4 ~~ACNEAE~~

- Ricardo, que presenta faltas continuadas de asistencia sin motivo que lo justifiquen
- Matías, que falta al aula ordinaria en periodos concretos por motivos de salud.

- David y Adrián, que presentan problemas conductuales y de convivencia por actos continuos y repetitivos de desconsideración mutua.

La intervención se enmarca en las TD de sexto curso recogidas en la CC. con base al art 24 del D.82 de 28.8.14 que establece el currículo de EP para Asturias y la CE de 3.7.15 que regula la evaluación del aprendizaje en EP según las modificaciones que la LOMCE del 2013 introduce a la LOE del 2006.

Para dar respuesta a cada cuestión, en cada pregunta fundamentaré legalmente la intervención propuesta en base a la norma, el plan y programa y proyecto que la regula.

Una vez introducida y contextualizada la intervención técnica y legalmente, procedo a dar respuesta a las 5 cuestiones que se me proponen.

En la 1ª cuestión se me solicita, que:

<< Defina las estrategias y acciones para abordar e intentar superar el absentismo de Ricardo >>

Las actuaciones comienzan con la 1ª reunión general cuando informamos de las normas de organización y funcionamiento del centro incluidas en el PE y a las cuales se comprometen respetar, dado que la matriculación del @ en el centro supone su aceptación.

En dicha reunión explicamos los documentos oficiales del centro para la justificación de las faltas y de la necesaria presentación de informes médicos, que avalen las faltas prolongadas en el tiempo, dado que se registran en el SÉNECA, para que la UOE y la dirección del centro, adopten las medidas necesarias recogidas en el programa NUEVO CURSO Municipal de Intervención en el Absentismo Escolar, que comienza con las actuaciones preventivas y correctivas llevadas a cabo por el centro y que finaliza con la actuación municipal de servicios sociales, cuando el centro remite el caso al centro Municipal de Servicios Sociales (Programa de Familia Infancia Municipal), previo a la derivación a las Unidades de Trabajo Social, que puede remitir y canalizar la intervención a la Policía Local.

quedando registrada la intervención en la base de datos de la Unidad de Trabajo Social o bien con la del Instituto Asturiano de Atención Social a la Infancia, Familia y Adolescencia, pues que de una respuesta urgente si se da Riesgo o Desamparo cuando eleva el absentismo a expediente administrativo; ¿Y cuándo se da?

Respuesta absentismo ⊕ abandono prematuro escolaridad ↓ Evaluado Ss. ed ↓ Notifica Ss Sociales ↓ Protección Instituto Asturiano de Atención Social a la Infancia, Familia y Adolescencia Fiscalía menores	Si el absentismo es superior al 50% de los días lectivos o si es menor y se detectaron factores de riesgo, siendo citados padres y el menor mediante rss. administrativa para explicarles las obg y las consecuencias del incumplimiento, con informes periódicas que Fiscalía de Menores

Una vez recordado ello en las sucesivas entrevistas o cartas si no se presentan, las cuales emite la dirección del centro, con nº de registro de salida, el centro tiene el deber de; |

1º Aplicar el programa de absentismo recogido en el RRI, dentro del PIC.

2º Registrará el tutor las faltas en el SAUCE y exigir el justificante oportuno

3º Citará el equipo directivo a la familia, que de no tener resultados, solicitará la colaboración de la UDE o EOE.

4º Cuando las faltas sin justificar alcancen el 20% del horario lectivo y con las actuaciones realizadas en el centro escolar, no se haya podido superar el absentismo, se ~~da paso~~ trasvasa el caso a Se. sociales del Ayuntamiento, para continúe el procedimiento, o la derive a la Oficia local, o al Instituto Asturiano de Atención Social a la Infancia, para que formalice la situación de riesgo o desamparo mediante Resolución Administrativa de la Consejería de Bienestar Social. y notificar a Fiscalía de menores para que cite a los padres y al menor. del delito de abandono familiar y remitir la denuncia al Juzgado de Instrucción.

¿Y qué debe hacer el centro previamente?

1) Elaborar un Programa para la Prevención y control del Abandono Escolar Prematuro, aprobado por el Consejo Escolar.

2) Dar a conocer el Programa a todos los agentes de la comunidad ed.

3) Colaborar con las instituciones y agentes para implicar a las familias con el proceso ed.

4) Incluir en el Programa de Acción Tutorial acciones para prevenir el absentismo

5) Desarrollar el PAD con medidas de refuerzo y apoyo al que motive al @ a que asista a clase y participe.

6) Trabajar dentro del Programa Integral de Convivencia que actuaciones a favorezcan el intercambio cultural y la mediación

7) Impulsar el Programa de Acogida para integrar al @ que inicie la escolaridad, se traslade o cambie de etapa.

8) Recoger en el Programa de Orientación El y Profesional actuaciones para evitar el abandono escolar y facilitar la inserción.

9) Promover la participación en acts extraescolares para favorecer la asistencia al centro.

10) Difundir

Una vez respondida la 1ª cuestión, procedo a desarrollar la siguiente.

En la 2ª cuestión se me solicita que;

« concrete la intervención docente respecto al escolar que falta a clase por hospitalización o convalecencia»

Un alumno, Matías, falta a clase por problemas de salud, tras informe médico que recoge, que por su placa superior a 2 meses, no puede desplazarse al aula.

Este alumno, recibe primero atención tras su intervención quirúrgica en el programa de aulas hospitalarias, para desarrollar el plan de trabajo individualizado dispuesto del PTD propuesto por el centro, y después, atención domiciliaria tras su recuperación en el domicilio particular.

Este programa de aulas hospitalarias es asumido por la dirección del Equipo Regional tal como establece el DM del 2013, que regula la orientación educativa en Asturias y la escolar de ciclo de curso.

Decir, que si Matías, no pasara por el hospital y precisara solo atención domiciliaria, es el centro y del orientador/a en colaboración y del tutor, quién tramita por correo electrónico la solicitud al Equipo Regional, junto a la documentación requerida, en un plazo no superior a 10 días desde que retieue constancia de la situación, que te inhabilita, para desplazarte al centro por un tiempo y a Iwerer.

Una vez concedido el programa, se asigna un tutor del programa a Matías. Esto lo hace el coordinador del programa, que t/o se encarga de la coordinación con el personal sanitario del hospital y del apoyo educativo en el hospital. Por otro lado, todo el equipo docente del programa realiza tareas de apoyo ed. en el hospital y en los domicilios del @ convalecente.

El tutor de Matías asignado se coordina con el centro para dar el apoyo en su casa y/o en el hospital.

~~Los objetivos~~

- El equipo docente del programa se encarga de:
  o La coordinación: cole, personal sanitario, la familias y otros agentes
  o De llevar a cabo el PI
  o De asesorar a la familia.
  o De realizar el acompañamiento, de la incorporación al centro, etc.
  - Y → un informe sobre el proceso ed. llevado

Realizar
        a cabo.

Por su parte la familia firma un compromiso de respetar el horario en casa y de tener un adulto en casa cuando vayan a apoyar.

En la 3º cuestión se nos solicita que:

"Enuncie los objetivos para mejorar la ortografía mediante la práctica diaria de dictados, explicando cómo procedería para aplicarlos de modo que los @ tomen conciencia de sus errores y superen sus dificultades, además de que describa otros recursos para mejorar la ortografía.

Los objetivos que se persiguen al integrar el uso de los dictados en la práctica diaria son:

- Desarrollar la escritura y la comprensión, tanto oral como escrita
- Desarrollar la escucha activa y atenta.
- Practicar reglas ortográficas
- Mejorar la velocidad de escritura.
- Desarrollar la creatividad.
- Despertar Desarrollar el hábito escritor.
- Mejorar el clima del aula mediante el trabajo en grupo.
- Evaluar contenidos

¿Y cómo lo hacemos?

Mediante un taller de escritura creativa durante todo el curso y de manera transversal en todas las áreas.

Ejemplo de transversalidad con ~~Matemáticas~~ al trabajar ~~en R.P.~~ los dictados en la R.P. de manera cooperativa.

1º Se dicta al grupo el problema o reto a resolver.

2º Después se cambian los cuadernos y se corrigen las faltas, llevando a la PDI donde se proyecta el problema.

3º Cada grupo, compuesto por 4 @ a excepción de uno, dado que son 23 @ utilizará un color para corregir las faltas, rodando el texto citado por las manos de todas las miembros del grupo.

~~En~~ _CN/CS_ ~~se~~ dictarán las definiciones del vocabulario científico, ~~tras~~ la negociación colectiva ~~por grupo~~ en asamblea, previa propuesta por grupos. Las definiciones se corregirán igual que los textos de los enunciados ~~de~~ ~~los~~ problemas con Mat.

En _EF_ se dictan las instrucciones para hacer un dibujo.

En LCL se utilizarán distintos tipos de dictados:

1) El dictado tradicional, tras copiar la regla ortográfica a aplicar. El texto se corregirá como en el resto de áreas.

2) Dictado de palabras clave de las distintas UD estudiadas y definidas con las distintas áreas.

3) Dictado de palabras con b y v, tras el estudio de la regla ortográfica. *para practicar de una regla ortográfica* Corrección igual, pero con las palabras mal escritas se redacta un microrrelato del cuento de la b y la v, ilustrando con un dibujo la expresión escrita realizada. La tarea final será componer su primer libro de microrrelatos, pasando a word sus producciones en el área de informática, tal como se recoge en el PEI y el Plan de tecnologías edu.

4) Dictado por parejas. Un texto se divide en dos y se lo dictan y corrigen, hasta tener los dos el texto íntegro. Con los

palabras mal escritas conforma un micro-
relato conjunto.

5] Dictado por apuntes.

Se dicta un texto, el resumen de la
UD, esto tb en el resto de áreas instrumentales, a velocidad normal sin repe-
ticiones, pareando cada 5 minutos, para
que los componentes del grupo, entre
todos, completen sus anotaciones. Después
se proyecta en la TDI, para que corrijan
y completen lo que falte. Para su corrección
se pasan las libretas y cada componente
hace las correcciones oportunas con un
color distinto de bolígrafo. Decir que
los apuntes se toman a lápiz.

6] Dictado locacionístico.

Estudian un texto, definiciones,
resumen, etc. Después se les dicta y se
corrigen igual que siempre.

7] Dictado cantado.

Escuchan una canción desconocida y la
copian dejando espacios donde se pierdan.
que completarán con la 2ª audición. Se
escoge canciones con estribillos tal como

recomienda Cassany en su artículo "el dictado como tarea comunicativa del año 2004 disponible on line.

Después se lo corrigen

8) Dictados creativos

Aquí existen múltiples formas de hacerlo. Se pueden dictar los sustantivos si estamos trabajando el sustantivo, o adjetivos, adverbios, etc.

Luego completan el texto, que después se compara con el real haciendo una puesta en común previa.

Otra forma es poner una imagen de un dibujo y que inventen una historia, dictando cada uno una oración.

Otro tipo de dictado, que sirve para realizar las evaluaciones iniciales, es escoger un tema, el que se va a estudiar y cada uno dicta una frase sobre lo que sabe del tema.

9) Dictado selectivo.

Es cuando del texto dado solo copian las palabras que cumplen el criterio; ej. hiatos, esdrújulas, adjetivos con v, etc.

16) Dictado poético

Se les da un poema con palabras y pictogramas. Escuchan el poema y escriben la palabra que representa al picto.

Vistos varios ejemplos, diréis que las tareas para el hogar es pasar a limpio los dictados hechos en clase.

¿Y cómo los agrupamos? en grupos de 4 y de 5.

¿Durante cuánto tiempo? Desde que se hacen los grupos hasta final de curso, tras la realización del sociograma del grupo, para trabajar la convivencia.

¿Y qué recursos necesitamos? Además de los dictados otros materiales como:

o libros de dictados como por ejemplo.
Breve ortografía escolar, curso completo re-educativo de Manuel Bustos Sousa. de Segundo escolar.

o dos cuadernillos, cd y recursos online del nuevo cuartado de ortografía y gramática española de Joaquín Sama Pedro Álamo Vaquera. premio Joaquín Sama por la elaboración de materiales curriculares años 1999 a 2004.

- El método de ortografía audiovisual de la editorial Yalde; basado en el factor visual y el tinte humorístico de los dibujos

¿Y que otras metodologías podemos usar frente al dictado?
- El método viso-motor basado en la copia de textos, frente al audio-motor que es el dictado.

- El método de análisis lingüístico; deletreo y cacografía, que consiste en que corrijan un texto con errores ortográficos, a modo de ejemplo

- Uso del diccionario
- Buscar 3 palabras de la misma familia
- Subrayar la letra difícil

Pero estos métodos fallan en muchos @, una alternativa es el PNL, la programación neurolingüística, a través de las claves oculares. Los ojos se mueven, por ejemplo, hacia arriba y la derecha cuando queremos recordar algo. Así el canal visual es el mejor para la ortografía y el PNL desengrana el proceso mental de las personas con buena ortografía y esa es la estrategia didáctica que hemos de utilizar, hacer que si nuestras @ sigan la misma estrategia que utilizan las personas con buena ortografía.

¿Cómo lo hacemos?

● Cuando se quiere escribir hay que reproducir la palabra y, por tanto, acudimos a la imagen mental almacenada.

● Si la imagen no te ofrece seguridad de escribirla correctamente aplicas estrategias como consultar el diccionario, preguntar, buscar una palabra de la misma familia, escribirla de las dos maneras y ver cuál te produce mejor sensación, buscar la norma ortográfica, etc. de manera que después se guarde la imagen correcta para su futuro.

Para fijar imágenes ○ la memoria visual se proyecta la palabra con la letra difícil en rojo y el resto en negro y/o blanco. Luego se deletrean hacia al revés + se hace una foto mental mirando la imagen mental y después hacia delante delante y atrás las personas, luego mientras con el dedo la escriben en el aire, en la parte superior e izquierda, que es donde llevan los ojos cuando reconstruyen.

¿Y cómo evaluamos?

Aplicando una fórmula, la de TALE

$$\frac{n^o \ de \ errores}{n^o \ de \ palabras} \times 100.$$

→ sale por línea

$$\frac{n^o \ errores}{n^o \ líneas}$$

	3°	4°	5°	6°
Nivel ↓	6	9	12	15
Medio	9	12	15	18
Nivel →	12	15	18	21

O mediante una (rúbrica) con una escala de logro (muy mejorable, mejorable, bien, bastante bien y muy bien) de las distintos grados de desempeño de la:

- ortografía
- caligrafía
- Rapidez
- y presentación

Una vez desarrollada la 3ª cuestión procedo a responder la siguiente

En la cuarta cuestión se nos solicita que:

"Defina la intervención necesaria para intentar la resolución del problema de convivencia entre los dos escolares: David y Adrian"

Tras la reunión de equipo docente, donde se aborda el problema de convivencia, surgido en el 2º trimestre, entre dos escolares del grupo, observándose actos de desconsideración mutua, el equipo docente contando con el asesoramiento de la orientadora de centro, la cual se haya a jornada completa, se adoptan las siguientes medidas, que alcanzan al "POEP" que recoge el programa de AT, al de AD y al de AOC, según el art 25 del texto consolidado del D147 de 23.12.14, que regula por 1ª vez, la orientación educativa y profesional en Asturias y al Plan Integral de Convivencia y al Reglamento de Régimen Interior, todas ellas recogidas en la PGA y PE del centro.

¿Y qué medidas se recogen en el acta del equipo docente durante el 2º trimestre?

- Intensificación de la acción tutorial, mediante entrevistas con las dos familias, para la adopción de las medidas establecidas por el equipo docente.

- Contrato de convivencia y seguimiento.

- Sociograma del grupo, aplicando el test sociométrico de Mª Antonia Casanova del año 1991 para la adopción de la metodología de trabajo cooperativo de John Dewey

- Registro comportamental; hora y día, situación, que hace Adrián o Juan y qué pasa luego.

- Desarrollo de la inteligencia emocional de Goleman, a través del Programa de Orientación al desarrollo de la carrera, trabajando el reconocimiento de emociones, nombrarlas y afrontarlas. También trabajar la empatía, la comunicación, la escucha activa, las emociones secundarias como el amor, la vergüenza

la ansiedad, etc. a través del debate,
el diálogo, juegos de rol para expresar
emociones, textos para analizar situa-
ciones y libros de lectura obligatoria
de la biblioteca, dentro del PLE,
que aborden dichas cuestiones, etc.

Estas medidas se recogerán en un
plan de trabajo individualizado, en el
2º trimestre, para David y Adrián, el
cual se presentará a sus familias para
el establecimiento de un sistema de
recompensas.

Una vez desarrollada la cuarta
cuestión procede a exponer la siguiente

La última cuestión que dice;

Describa el proceso que ha de seguirse con el centro para la resolución de la reclamación y, en el caso de que la misma se resuelva a favor, la posible incidencia en la decisión de promoción. En el caso de que la resolución en el centro fuera contraria a la petición de los padres y estos elevaran la reclamación al SIE en el plazo establecido, describa el proceso que debería seguir.

Para dar respuesta a esta cuestión me basaré en el art.13 del texto consolidado de la Rse de 3.2.15. que regula la evaluación del aprendizaje del @ de EP en Asturias. y en el art.6 del derecho a una valoración objetiva del D.249 de 26.9.2007 que regula los derechos y deberes del @ en Asturias.

Decir que los padres han de ser informados a inicio de curso y en cualquier evaluación de los obj. de la etapa, de los contenidos, estándares y criterios de ev. y promoción de las distintas áreas, lo cual queda recogido en el acta de la 1ª reunión general y siguientes realizadas en cada trimestre, en base a las pautas y directrices establecidas por la C.C.P.

Por otro lado a los padres se les ha informado regularmente de las medidas de atención a la

diversidad, recogidas en los planes de trabajo indi-
vidualizados realizados a estos 3 alumnos,
Iván, Juan y Daniel, tras los resultados obtenidos en la
1ª evaluación, dado que la flexibilización es una
medida extraordinaria que sólo se puede aplicar
una vez en la etapa, a no ser que se trate de ACNEE,
que no es el caso, y una vez agotadas todas las medidas ordinarias y específicas de carácter organizativo, curricular y didáctico.

También se les ha informado de su derecho a
reclamar las decisiones y calificaciones finales en
el plazo de 2 días lectivos tras la entrega del
boletín. Esto se informó también en las 3 reuniones
generales y se recogió en acta, tal como establece la
CCP a lo largo del curso, mediante su vocal que
es el coordinador de nivel. En estas mismas
reuniones, se les dió por escrito las causas en que
podían fundamentar dicha reclamación:

- Inadecuación de los contenidos ~~en relación sobre~~
  los cuales se ha realizado la evaluación en relación a la PD del curso presentada.
- Inadecuación de los procedimientos e instrumen-
  tos de ev. aplicado respecto a los recogidos en la PD.
- Incorrecta aplicación de los CE y calificación
  respecto a los recogidos en la PD.
- Y, por último, incorrecta aplicación de los criterios
  de promoción respecto a los recogidos en la CE.

Tras la sesión de evaluación y la adopción de la medida extraordinaria de flexibilización, la tutora se reunió, por separado, con cada familia, para transmitir la medida adoptada con el PPI.

La familia de Daniel, no conforme con la decisión, presenta en el plazo de los 2 días lectivos siguientes, reclamación a la dirección del centro. Tras el registro de la reclamación, la dirección del centro solicita un informe a cada maestr@ cuya área ha sido objeto de reclamación.

Tras el análisis de los registros y documentos presentados, la dirección del centro toma la siguiente resolución.

CASO A. Resuelve a favor de la familia.
En este caso el alumno, Daniel, promociona curso, teniendo que cambiarse el acta de la última sesión de evaluación, haciendo una diligencia, tras notificar la estimación de la resolución, se gestiona el título y se archiva el expediente.

CASO B. La dirección notifica desestimación a la familia de la resolución.
- En este caso, la familia de Daniel, no conforme, ejerce su derecho a

a interponer RECURSO DE ALZADA con el plazo de 1 mes, tal como viene ante el al SIE, que resuelve previo informe (una vez examinados todos los registros y documentos de ev.) En esta llegados a este punto, existen dos opciones:

B.1 Que estime el recurso de alzada el SIE y se archiva el expediente, tras gestionar la promoción o

B2 Que desestime el recurso de alzada, se archive el expediente y el @ no promocione.

Para finalizar decir que los documentos y registros de los cuales emana la nota de evaluación han de guardarse o custodiarse en el centro, durante los 3 meses siguientes a la calificación final, a no ser que el proceso de reclamación esté abierto, habiendo de guardarlos hasta que finalice el expediente

Σ.Q.

Una vez introducida, contextualizada, fundamentada, teórica y legalmente, la intervención, que se desarrolla en cada una de las cinco cuestiones de manera individualizada, procedo a finalizar diciendo que "La personalidad del @ debe ser el principal marco de referencia del proceso de aprendizaje" para poder dar respuesta a la gran diversidad de nuestras aulas.

El centro educativo donde usted desarrolla su trabajo está situado en un ámbito rural, en una localidad inferior a 5000 habitantes. El poblamiento de la zona es disperso y escolariza a un número significativo de alumnos/as, proveniente de otras localidades cercanas. El nivel socio-económico y cultural (ISEC) es medio-bajo. Aunque en los últimos años varias familias han apostado por negocios relacionados con el turismo y otras actividades alternativas, el sector predominante en la zona es el primario con varias explotaciones agrícolas y ganaderas cercanas.

El entorno próximo al centro, ofrece un gran atractivo paisajístico y abundantes recursos naturales, un bosque atlántico cercano y un pequeño río.

El colegio cuenta con tres unidades de Educación Infantil y seis de Ed. Primaria,, escolarizándose un total de 154 alumnos y alumnas. Dispone de un aula modelo TIC, biblioteca escolar, una sala de usos múltiples y una pista polideportiva cubierta. Se ofertan servicios complementarios de comedor y transporte escolar.

Usted es maestro/a tutor/a de un grupo de 1º de EP, compuesto por 21 alumnos/as (10 niños y 11 niñas), entre los que cabe destacar un grupo de seis escolares con necesidad específica de apoyo educativo (NEAE) y un desfase curricular evidente: dos han mostrado un severo absentismo en su etapa de Educación Infantil; otros dos se han incorporado procedente del sudeste asiático, ella con serios problemas de expresión y comprensión del castellano; y otros dos alumnos, con los que consideramos, ha fallado el método empleado para la adquisición de la lectoescritura en la etapa anterior.

Desarrolle usted este supuesto respondiendo a las siguientes cuestiones:

a) Partiendo de las líneas de actuación recogidas en el PLEI (Plan de Lectura, Escritura e Investigación) del centro, realice una propuesta de actividades, actuaciones metodológicas y materiales didácticos, para la adquisición y consolidación del proceso lectoescritor, dentro de una programación de área no lingüística para su grupo.

b) En el desarrollo de su programación de aula, queda de manifiesto la dificultad que muestra, en la práctica totalidad de las áreas curriculares, el grupo de seis alumnos destacados anteriormente. Siguiendo las bases de la educación inclusiva, establezca un plan de trabajo en el que se desarrollen y apliquen medidas ordinarias de atención a la diversidad, establecidas en el PAD (Plan de Atención a la Diversidad): trabajo en grupo flexible o docencia compartida, dirigido a atender al grupo de seis alumnos con serios problemas en el ámbito lectoescritor.

c) En una de las sesiones de equipo docente celebrada durante el segundo trimestre del curso, se pone énfasis en un grupo de tres alumnos con evidentes conductas disruptivas, que ocasionan serios problemas de convivencia en el aula. Diseñe, como coordinador de equipo docente de su tutoría, estrategias relacionadas con el desarrollo de competencias sociales con el fin de mejorar y potenciar la integración de estos niños con el grupo.

d) Como tutor/a del grupo, elabore una escala de valoración para la evaluación de una actividad complementaria realizada en el entorno próximo al centro, teniendo en cuenta que los indicadores de evaluación deberán referirse a la adquisición de competencias clave dentro de las áreas curriculares de Ciencias Naturales y Ciencias Sociales.

Antes de dar respuesta a las cuestiones que se me plantean creo conveniente citar el orden de exposición:

1º Introducción y justificación
2º Desarrollo de las 4 cuestiones
3º Conclusión y bibliografía.   16'

Una vez expuesto el orden de exposición, procedo a a introducir y justificar la intervención que procederé a desarrollar posteriormente en base a 3 pilares:
a) El marco legal.
b) Los fundamentos científicos, pedagógicos y psicológicos y
c) En relación con los documentos del centro.

- Respecto al MARCO LEGAL señalar que los contenidos curriculares e indicadores de evaluación del primer curso se establecen en el Decreto 82 de 28.8.14 que establece el currículo de EP para el Principado de Asturias en base al Real Decreto 126 de 28.8.14 que ordena el currículo básico para el territorio español para desarrollar curricularmente la Ley Orgánica para la Mejora de la Calidad Educativa, la LOMCE, que en el año 2013 mejora a Ley Orgánica de Educación, la LOE del 2006.
La evaluación del aprendizaje se regula en el texto consolidado de la RD de 3.7.15 y la atención a la diversidad en la disposición final del D82 que nos remite al capítulo IV de AD del anterior D36 27.5.07 que regulaba el currículo de EP en Asturias   23'
y la RD 18.3.14 a regula la act. complementaria.   25'

- Una vez visto el marco legal sobre el cual se fundamenta la intervención, procedo a desarrollar el MARCO TEÓRICO. Los alumnos de 1º EP se encuentran en el estadio preoperacional según autores clásicos como Piaget. A nivel motriz se hallan afirmando la lateralidad lo cual tendremos en cuenta para la enseñanza de la lectoescritura y la selección de las actividades.

- Una vez fundamentada la intervención científica, pedagógica y psicológicamente, procedo a relacionar los documentos del centro con las acciones educativas que desarrollaré posteriormente para dar respuesta a cada una de las cuestiones que se me plantean.

La P.A de CN recogerá actividades que contribuirán al desarrollo del PLEI, al Programa de Actividades Complementarias y extraescolares, al Programa Integral de Convivencia a través del Reglamento de Régimen Interno, al PAD y al PAT porque se planificará una actividad complementaria dentro del diseño escolar en otoño y actividades de acción tutorial con el alumnado disruptivo y con el grupo en general para mejorar la convivencia y el clima de aula, necesarios para poder enseñar y aprender.

Una vez fundamentada la intervención en base al marco legal y teórico, procedo a dar respuesta a las 4 cuestiones que se me plantean.

$15 + 25 = 40$

- La <u>intervención didáctica</u> en un área no lingüística para desarrollar las actividades recogidas en el PLEI para la adquisición y consolidación del proceso lectoescritor, la enmarcaré en el área de CN.

Cada unidad didáctica se introducirá con una <u>act. motivadora</u> consistente en la lectura de un <u>cuento</u> cuyo contenido nos servirá como hilo conductor para el desarrollo de las actividades de evaluación inicial, consolidación, refuerzo, ampliación, recuperación y evaluación final.

De esta manera trabajaremos <u>prácticas lectoras</u> variadas en voz alta y silenciosa, para trabajar mediante la técnica del <u>interrogatorio</u> la comprensión lectora. La expresión escrita se trabajará mediante un dibujo y un pie de foto o frase resumen de la historia, avanzando a textos de mayor extensión en función de los ritmos de aprendizaje.

A esta actividad se le destinará una sesión.

→ Los <u>recursos</u> necesarios serán:

- Materiales: el texto en soporte papel para el alumnado y digital para el maestro. Y las libretas tamaño A4 de doble pauta ancha para el alumnado. Junto a lápices, colores y demás material fungible.

- Audiovisuales y tecnológicos: la PDI para proyectar el cuento en soporte papel o el vídeo introducto-

...rio de animación a la lectura.

- **Humanos**: el profesor tutor y el profesorado de apoyo de internivel, dado que el centro es de línea uno.
- **Espaciales**: el aula, la biblioteca y la sala de ordenadores.

Vista la actividad y los recursos, procedo a explicar la metodología y los agrupamientos.

→ La <u>metodología</u> será activa y participativa. El alumnado leerá los diferentes textos en las distintas UD, teniendo como modelo al tutor, a otro compañero o la versión digital, es decir; el audio del texto. Los errores serán corregidos de inmediato para evitar la sistematización de estos, dado que de no ser así, será difícil de corregir en cursos superiores.

→ Los <u>agrupamientos</u> serán variados según el tipo de actividad, favoreciendo el trabajo en gran grupo, en grupo y por parejas. El trabajo cooperativo dado que a estas edades no existe un verdadero compartir y se hallan en el nivel premoral se irá introduciendo poco a poco a lo largo del curso, cuando el clima del aula lo permita y las normas se hallan interiorizado.

Una vez respondida la 1ª cuestión procedo a dar respuesta a la 2ª.

↳ agrupamiento heterogéneo excluyo desde la perspectiva del DUA dado que los estudios avalan que aprenden más y el grupo no se rehace. $40 + 25 = 65$
con los homogéneos no aprenden los...

En la segunda cuestión se me pregunta
por las NEAE con las 6 ACNEAE. Para ellos
aplicaré medidas ordinarias de tipo organiza-
tiva y curricular.
De tipo organizativo se establece apoyos de
interetapa en las áreas instrumentales de LCL y son
siendo 2 sesiones semanales para LCL. En estas
sesiones, el centro establece que sea el profesor
de 2º ciclo de infantil el q. apoye dentro del
aula de 1º. Estos apoyos se organizan haciendo
docencia compartida dentro del aula, dando apoyo
directo a este alumnado y al resto del grupo
ambos profesores.
Las medidas curriculares para este alumnado
es la adaptación metodológica, dado que la etapa
de EI no es obligatoria y el aprendizaje de la
lectoescritura es un objetivo para los dos dos
cursos de la etapa y los alumnes extranjeros no toca de
minus.inglés y programas 1.1.H.H.
Las medidas didácticas a aplicar son:
1º Situarlos cerca del docente
2º Agruparlos con compañeros afines
3º Aplicar refuerzo positivo ante resultados de
   conductas apropiadas.
4º Dar explicaciones individualizadas y realizar
   prácticas lectoras individualizadas.
5º Asegurarnos de que comprenden las explicaciones
   generales

6º - Ser más tolerantes con conductas inadecuadas y mostrarles conductas alternativas más apropiadas.

7º - Si se ha de castigar, hacerlo de inmediato ante la conducta inapropiada.

8º - Darles pequeñas responsabilidades dentro del aula.

9: Establecer rutinas.

10 Utilizar recursos TIC.

11. Amonestar oralmente en privado, no delante de los compañeros.

12 Retar Diseñar actividades individualizadas ajustando el grado de dificultad a sus necesidades educativas, De refuerzo y ampliación a la lectura de los q no leen.

13 Reforzar con lecturas en el hogar, respetando el tiempo establecido en la C.C para las tareas para el hogar ~ Traductor de google. Pictogramas.

14 Darles más tiempo, etc. Tutoría entre iguales

Estas medidas serán aplicadas por el equipo docente y serán recogidas por escrito en sus PPI no significativos tras haber recibido asesoramiento por el orientador del equipo de orientación del centro.

Una vez vistas las que coordinaría con el grupo de 6 ACNEE, procedo a dar respuesta a la tercera pregunta, diciendo que RESALTE que partiremos de la evaluación inicial y de la reunión de coordinación mantenida con los tutores de Ed. Infantil

1h+25 = 1 25'

donde se me pregunta por medidas
concretas para 3 alumnos disruptivos relacionadas con el desarrollo de competencias
sociales.

Como coordinadora del equipo docente, tras
el asesoramiento recibido por la orientadora
del EOP, procedo a diseñar mi programa
de desarrollo de habilidades sociales con
actuaciones con el grupo clase, con el alumnado
disruptivo y con las familias.

Las actuaciones con el grupo clase serán
trabajar las normas que intervienen en el
discurso oral en las intervenciones grupales
que se realizan mediante conversaciones y debates
y las normas de aula.

A los @ se les irá enseñando poco a poco a escuchar,
a hablar y a conversar realizando diariamente intervenciones
programadas en todas las programaciones. Se les
indicará la necesidad de respetar los turnos de
intervención, de levantar la mano, de escuchar,
de sentarse adecuadamte, etc.

Por otro lado las normas de aula se consensuaran
con ellos. Se dibujarán y se expondran en un
lugar visible del aula.

Las conductas se registrarán en un ACCIÓMETRO,
donde verán al finalizar el día su comportamiento
asociado a una carita sonriente o triste.

estos alumnos se sentarán con niños tranquilos
que les sirvan de modelo.
También a través de la lectura de cuentos,
haremos "cuentoterapia" para a través de
estos aprender modelos de conducta apropiados.
Se programará por inteligencias, con especial
consideración a la emocional de Goleman,
dado que sin emociones no hay aprendizaje.

Vistas las actuaciones con el grupo en general,
doy paso a las específicas con estos 3 @.
En base a las recomendaciones de la orientadora, se diseñará un contrato pedagógico
de convivencia con el alumnado y las familias,
para reforzar con premios o castigos en casa y
en el aula. (ej visionado de una película
en el aula que trabaje contribuya al desarrollo de competencias sociales)
El seguimiento de estos 3@ se registrará
por escrito contando con el apoyo de los
especialistas que sigan las mismas
pautas de intervención.

Vista la intervención con estos 3
@ disruptivos procedo a dar respuesta
a la última cuestión donde se me
pide

1h 22' + 25' = 1h 47'

que elabore una escala de valoración para
la evaluación de una actividad complementaria realizada en el entorno próximo.
La act. se regula en la ss. de 17.5.14, donde
se establece que es obligatoria para el
profesorado y el alumnado si se realiza
dentro del centro. En este caso es una salida
al bosque en otoño, donde tenemos un
río.

La escala se realiza en base a los resultados
de aprendizaje del área de CN y CS y
se cuantifica cualitativamente con los
siguientes indicadores:
a) No alcanzado
b) En desarrollo.
c) Adquirido
d) Ampliamente adquirido.
asociando cada variable cualitativa a un
valor cuantitativo, así;
a) No alcanzado es entre 0 y 4
b) En desarrollo entre 5 y 6
c) Adquirido entre 7 y 8
d) Ampliamente adquirido entre 9 y 10
Los resultados de aprendizaje, a modo de
ejemplo, podrían ser;

- Diferencia entre hoja caduca y perenne
- Diferencia las partes de una planta: tallo, raíz y hojas.
- Nombra animales terrestres y acuáticos propios del bosque atlántico.
- Realiza acciones de cuidado del medio ambiente: no tira papeles de la merienda en el bosque
- Reconoce un árbol autóctono, etc.

Una vez respondidas las cuestiones planteadas. concluir JA+36+25-JL61 citando la 1ª frase del preámbulo de la Lonce de que el alumno es el centro y ser de la educación.

Plantear igual es valorar la act. y no el aprendizaje. (indic. ev. igual es para q caigamos y hagamos rutina)

                Si No.

- Se han conseguido los objs
- Los contenidos ...
- La act. se desarrolló sin incidencias
- Ha resultado de interés para el alumnado
- Organización
- Idoneidad de act.
- Asistencia del alumnado.
- Idoneidad del presupuesto y financiación

Printed in Great Britain
by Amazon